Philipp Montesano

Vergleich der Metaphern und Bildsprache des Barocks und der Romantik

GRIN Verlag

Bibliografische Information der Deutschen Nationalbibliothek:

Die Deutsche Bibliothek verzeichnet diese Publikation in der Deutschen National-
bibliografie; detaillierte bibliografische Daten sind im Internet über http://dnb.d-
nb.de/ abrufbar.

Impressum:

Copyright © 2010 GRIN Verlag GmbH
Druck und Bindung: Books on Demand GmbH, Norderstedt Germany
ISBN: 978-3-640-78938-2

Dieses Buch bei GRIN:

http://www.grin.com/de/e-book/164170/vergleich-der-metaphern-und-bildsprache-
des-barocks-und-der-romantik

GRIN - Your knowledge has value

Der GRIN Verlag publiziert seit 1998 wissenschaftliche Arbeiten von Studenten, Hochschullehrern und anderen Akademikern als eBook und gedrucktes Buch. Die Verlagswebsite www.grin.com ist die ideale Plattform zur Veröffentlichung von Hausarbeiten, Abschlussarbeiten, wissenschaftlichen Aufsätzen, Dissertationen und Fachbüchern.

Besuchen Sie uns im Internet:

http://www.grin.com/

http://www.facebook.com/grincom

http://www.twitter.com/grin_com

Philipp Montesano

Vergleich der Metaphern und Bildsprache des Barocks und der Romantik

Inhalt

Inhalt

Einleitung

Ob *Flugzeuge im Bauch*[1], *99 Luftballons*[2], oder so simple Texte wie *Mein Block*[3] – sie haben doch eines gemeinsam: Mit ihnen können (gesellschaftliche) Lage und Fortschritt, (soziale) Probleme und das Denken und Handeln einer Generation, beziehungsweise einer Epoche, erkannt werden.

Ohne zum Beispiel den Text von *Flugzeuge im Bauch* näher zu betrachten, können wir erkennen, dass es sich um ein modernes Werk handeln muss, da von Flugzeugen, also von technischem Fortschritt die Rede ist. Die Information des Autors und des Erscheinungsjahres wären hier also geradezu überflüssig um das Werk einzuordnen und um den technischen Stand der Gesellschaft zu erkennen.

Auch mit dem Werk *99 Luftballons* lassen sich relativ schnell einige soziale Brennpunkte aufzeigen:

99 Düsenflieger, jeder war ein großer Krieger,

hielten sich für Captain Kirk;

Es gab ein großes Feuerwerk!

Die Nachbarn haben nichts gerafft

und fühlten sich gleich angemacht,

dabei schoss man am Horizont

auf 99 Luftballons.

99 Kriegsminister, Streichholz und Benzinkanister

hielten sich für schlaue Leute

witterten schon fette Beute

riefen „Krieg" und wollten Macht

Man, wer hätte das gedacht?

Dass es einmal soweit kommt

wegen 99 Luftballons

— NENA

In der Zeit des Kalten Krieges (1945 – 1991)[4] und in der Nachkriegszeit des Zweiten Weltkrieges herrschen Streben nach Macht, Misstrauen und Übervorsicht. Allein anhand dieser zwei Strophen lassen sich diese Probleme erkennen.

Auch Rapper Sido zeigt in *Mein Block* soziale Brennpunkte auf. So simpel die Texte auch zu sein scheinen, geben sie ein klares Bild ab, wie es auf Berlins Straßen zugeht. Ob Drogen, Prostitution oder Gewalt – es wird ein eindeutiges Bild kreiert.

---

1   Herbert Groenemeyer, „Flugzeuge im Bauch." 4630 Bochum. Groenland-Musikverlag, 1984.

2   Nena, „99 Luftballons." Nena. Edition Hate Music Emi Songs Musikverlag GmbH, 1983.

3   Sido, „Mein Block." Aggro Ansage Nr. 3. Aggro Berlin, 2004.

4   vgl. http://www.hpwt.de/Kalterkrieg2.htm, 15:01, 26.05.2010.

Überleitung

Durch Gedichte, Liedtexte oder andere Werke lässt sich also Einiges über die Zeit, in der sie entstanden sind, und über die Menschen aussagen. Doch nicht nur das direkte Betrachten der Werke führt zu diesen Einsichten – manchmal muss man schon näher hinsehen, zwischen den Zeilen lesen und Bilder deuten. Oft werden Aussagen nicht einfach so geschrieben, Bilder nicht einfach so beschrieben – vor allem auf der Gefühlsebene bedarf es oft mehr als die puren Worte.

Hier kommt die Bildsprache in's Spiel. Reichen geschriebene Worte nicht aus, wird sie benutzt, häufig nicht nur, um dem Leser etwas deutlicher zu machen, sondern auch um die Gefühlsebene anzusprechen, um Emotionen zu kreieren. Vor allem das Denken und Handeln kann somit gut entlarvt werden.

Ziel

In der folgenden Arbeit sollen also Bildsprache und Metaphern zweier Epochen, des Barocks und der Romantik, untersucht und miteinander verglichen werden. Das Ziel der Arbeit ist es dann, die gewonnenen Informationen auf die jeweilige Epoche zu übertragen um so ein Bild derselben zu bekommen. Somit sollen Probleme, Lebensgefühl, Denken und Handeln in der damaligen Zeit etwas verständlicher, nachvollziehbarer und zugänglicher werden.

Metaphern und Bildsprache im Barock (1600 – 1720)[5]

am Beispiel von *Menschliches Elende*[6]

> *Was sind wir Menschen doch? ein Wohnhaus grimmer Schmertzen.*
> *Ein Ball deß falschen Glücks / ein Irrlicht dieser Zeit.*
> *Ein Schauplatz herber Angst / besetzt mit scharffem Leid /*
> *Ein bald verschmeltzter Schnee vnd abgebrante Kertzen.*
>
> 5   *Diß Leben fleucht davon wie ein Geschwätz vnd Schertzen.*
> *Die vor vns abgelegt deß schwachen Leibes Kleid*
> *Vnd in das todten-Buch der grossen Sterbligkeit*
> *Längst eingeschrieben sind / sind vns auß Sinn vnd Hertzen.*
>
> *Gleich wie ein eitel Traum leicht auß der acht hinfällt /*
> 10   *Vnd wie ein Strom verscheust / den keine Macht auffhält:*
> *So muß auch vnser Nahm / Lob Ehr vnd Ruhm verschwinden /*
>
> *Was itzund Athem holt / muß mit der Lufft entflihn /*
> *Was nach vns kommen wird / wird vns ins Grab nach zihn*
> *Was sag ich? wir vergehn wie Rauch von starcken Winden.*
>
> — ANDREAS GRYPHIUS

Anhand dieses Gedichts lässt sich schön erkennen, wie sehr uns die Bildsprache Informationen ver-schafft. Ohne das Gedicht genauer zu interpretieren, fällt schon beim erstes Lesen auf, dass ein aus-sichtsloses Bild und eine etwas finstere Stimmung entsteht. Im folgenden Abschnitt, soll die Bildspra-che genauer analysiert werden.

Fangen wir mit der Passage *Wohnhaus grimmer Schmertzen*[7] an: Die Menschen und somit das Leben, werden als ein Ort des Schmerzes bezeichnet. Der Mensch wird somit darauf reduziert, Schmerzen und Qualen aufzunehmen. Diese tief pessemistische Metapher entstammt wohl der Nachkriegszeit des Drei-ßigjährige Krieges, welcher sich mit der Epoche des Barocks überschnitt[8] [9].Der Alltag war von Hun-gersnöten[10], Gewalt und Angst[11] geprägt, was diese Ansicht durchaus verständlich werden lässt.

---

5   vgl. http://www.literaturwelt.com/epochen.html, 18:48, 01.06.2010.

6   Andreas Gryphius, Menschliches Elende, in: Freuden vnd Trauer-Spiele auch Oden vnd Sonnette sampt Herr Peter Squentz Schimpff-Spiel, Breßlau 1658.

7   Andreas Gryphius, Menschliches Elende, in: Freuden vnd Trauer-Spiele auch Oden vnd Sonnette sampt Herr Peter Squentz Schimpff-Spiel, Breßlau 1658, Z. 1.

8   vgl. http://www.lehrer.uni-karlsruhe.de/~za146/barock/30krieg.htm, 16:19, 27.05.2010.

9   vgl. http://www.pohlw.de/literatur/epochen/barock.htm, 16:27, 27.05.2010.

10   vgl. http://www.dresden-und-sachsen.de/dresden/geschichte07_fruehbarock.htm, 16:31, 27.05.2010.

11   vgl. http://www.philosophie-sgl.de/content/abitur2006/Barock%20Teil1.html, 16:33, 27.05.2010.

Der selbe Schluss lässt sich bei den Worten *Schauplatz herber Angst*[12] ziehen. Hier wird die bereits besprochene Angst sogar direkt genannt.

Wenden wir uns nun dem *Ball deß falschen Glücks*[13] zu: Fügt man vor den *Ball* noch das Wort *Spiel-*, so wird die Aussage gleich eindeutiger. Als *[Spiel]ball* lassen sich nur wenige beziehungsweise keine Entscheidungen selbst treffen, geschweige denn, dass man über den Spielern steht. Was hier angesprochen wird, ist vermutlich die herrschende Form des Absolutismus[14]. Paradebeispiel für die absolute Herrschaft ist Ludwig XIV – L'état, c'est moi! Der Herrscher steht über den Gesetzen, und über den Menschen, obwohl der Gesellschaftsvertrag ihn an sie bindet. Er ist also im Stande seiner Bevölkerung zu Befehlen, ihnen Abgaben und Dienste aufzulegen[15]. Dass man sich unter einer solchen Herrschaft nicht gerade frei fühlt, wird nachvollziehbar sein, darum auch das *falsche Glück*: Zwar bekommt der Mensch dank des Gesellschaftsvertrags Schutz geboten, muss sich aber dennoch einem Souverän und Pflichten unterwerfen.

Die nächste zu analysierende Passage ist die des *Irrlicht[s] dieser Zeit*[16].

Damit lassen sich zwei logische Schlussfolgerungen ziehen: Zum einen lässt sich das *[...]Licht* als ein *[Kerzen]licht* betrachten, also ein sehr instabiles, unbeständiges. Schon ein kleiner Windhauch kann dieses Licht, das Licht des Lebens, zum erlischen bringen. Gleichzeitig ist es jedoch schön anzusehen, wie es flackert und den Menschen Wärme und Licht geben kann. Dieser Gegensatz ist der erste Beweis für die vorherrschende Zwiespältigkeit und Antithetik im Barock[17]. Auf der einen Seite die Lebenslust, die Aufforderung das Leben zu genießen, solange man dies noch kann (Motiv des „Carpe Diem"; nutze/ genieße den Tag)[18], auf der anderen das Bewusstsein, die quälende Erinnerung des Todes (Motiv des „Memento Mori", Gedenken des Todes)[19] und das Lebensgefühl der Vergänglichkeit (Motiv des „Vanitas"; Nichtigkeit/ Vergänglichkeit)[20]. Es wird zum Ausdruck gebracht, wie nichtig und klein ein Mensch doch ist, gleichzeitig wird mit dem lustigen Flammenspiel aber auch aufgefordert das Leben in allen Zügen hinzunehmen, das Beste daraus zu machen und es zu genießen.

Ein Beweis dafür, dass das *Licht* als *[Kerzen]licht* und somit als Licht des Lebens, gesehen werden

---

12   Andreas Gryphius, Menschliches Elende, in: Freuden vnd Trauer-Spiele auch Oden vnd Sonnette sampt Herr Peter Squentz Schimpff-Spiel, Breßlau 1658, Z. 3.

13   ebd., Z. 2.

14   vgl. http://www.bach.de/leben/barock.html, 16:51, 27.05.2010.

15   vgl. Rudolf Vierhaus, Deutsche Geschichte. Deutschland im Zeitalter des Absolutismus (1648-1763), 2. Auflage, 1984, S. 32.

16   Andreas Gryphius, Menschliches Elende, in: Freuden vnd Trauer-Spiele auch Oden vnd Sonnette sampt Herr Peter Squentz Schimpff-Spiel, Breßlau 1658, Z. 2.

17   vgl. http://webs.schule.at/website/Literatur/literatur_barock.htm, 17:42, 27.05.2010.

18   vgl. http://www.literaturwissenschaft-online.uni-kiel.de/veranstaltungen/vorlesungen/17Jhdt/03042006F.pdf, 17:51, 27.05.2010.

19   ebd.

20   ebd.

kann, findet sich in *abgebrante Kertzen*[21], da so eindeutig auf ein Kerzenlicht hingewiesen wird. Die zweite Schlussfolgerung bezieht sich auf den Wortteil *Irr[...]*. Es wird klar gemacht, das etwas, in diesem Fall das Leben (die Menschen), sich zu einer falschen Zeit, an einem falschen Ort fühlt. Was diese These bestätigt, sind zum einen die bereits genannten Aufgaben, Abgaben und Pflichten dem Souverän gegenüber, welche die persönliche Freiheit natürlich einschränkten, und zum Anderen, was sich aus unserer heutigen Sicht leicht sagen lässt, die folgende Epoche der Aufklärung[22], mit zunehmendem Anspruch der Selbstbestimmung und wachsenden Spannungen zwischen Bürgertum und Adel.

Ein weiterer solcher Gegensatz und somit Beweis der Antithetik, findet sich in *bald verschmeltzter Schnee*[23]. Zum einen lassen sich fallende Schneeflocken schön ansehen – es entsteht ein Gefühl der Leichtigkeit, geradezu ein Gefühl der Freude (→ Carpe Diem). Allerdings verschmilzt jeder Schnee – der eine langsamer, der andere schneller. Vor allem auf dem Land, wo Äcker gepflügt werden, Kühe grasen und Holz gehackt wird, kann man davon ausgehen, dass der Schnee nicht allzu lange liegen bleibt (→ Vanitas). So lässt sich *Schnee* gut als Metapher für das damalige Leben ansehen. Eigentlich schön und voller Freude, muss es allerdings irgendwann enden. Das Leben der Bauern und der unteren Bevölkerungsschichten war um einiges härter, der Schnee somit schmutziger, und kürzer, als das der oberen Stände.

Widmen wir uns nun der zweiten Strophe, genauer gesagt Vers eins: *Geschwätz vnd Schertzen*[24]. Zum einen lässt sich so interpretieren: Das Leben wird als so schnell und vergänglich gesehen, wie Worte oder Scherze. Nachdem etwas gesagt ist, gehört es bereits der Vergangenheit an. Es wird viel unbedeutendes gesagt, genauso unbedeutend kann auch das Leben eines Einzelnen gesehen werden. So steht es zumindest mit dem breiten Bürgertum – der Adel ist hier natürlich anders zu betrachten: Dessen Worte sind alles andere, als unwichtig und schnell vergangen und vergessen. Wenn Gesetze auf- oder Aufgaben gestellt werden, sind die Worte noch ewig nach dem Ausspruch zu sehen beziehungsweise zu spüren. Sie sind also wichtig und erinnerungswürdig. Genauso sieht es mit der adeligen Person aus – an Adelige, Könige und Heilige erinnert man sich noch sehr lange, ein Individuum des Bürgertums wird so schnell vergangen und vergessen sein, wie ein paar unwichtige Worte. Aufgrund dieser Ansicht könnte man sogar soweit gehen und sagen, das Leben ist doch nur ein Witz – sinnloses Geschwätz.

Der Antithetik zu Dank, lässt sich aber auch anders interpretieren: Das Leben als lustiger Klatsch und Tratsch – locker und ohne Sorgen. Das Leben als Genuss und Spaß, so wie Scherze. Zwar gibt es auch ernste Themen (Absolutismus und Pflichten), trotzdem wird das Leben ausgekostet.

---

21   Andreas Gryphius, Menschliches Elende, in: Freuden vnd Trauer-Spiele auch Oden vnd Sonnette sampt Herr Peter Squentz Schimpff-Spiel, Breßlau 1658, Z. 4.

22   vgl. Bárbara Baumann, Birgitta Oberle, Deutsche Literatur in Epochen. Arbeitsaufgaben, 3. Auflage, 1997, S. 16, 24.

23   Andreas Gryphius, Menschliches Elende, in: Freuden vnd Trauer-Spiele auch Oden vnd Sonnette sampt Herr Peter Squentz Schimpff-Spiel, Breßlau 1658, Z. 4.

24   Andreas Gryphius, Menschliches Elende, in: Freuden vnd Trauer-Spiele auch Oden vnd Sonnette sampt Herr Peter Squentz Schimpff-Spiel, Breßlau 1658, Z. 5.

Schon wieder lassen sich zwei Schlussfolgerungen ziehen, die wieder auf die Zerrissenheit der zwei Leitmotive und -gedanken schließen lassen – Lebenslust vs. Vergänglichkeit, Carpe Diem vs. Vanitas und Memento Mori. Selbst wenn man sich den kompletten Vers ansieht, wird nicht zu 100 Prozent eindeutig, welche Auslegung die Richtige ist, ob es überhaupt „die Eine, richtige" Auslegung gibt: Dem Vanitas-Motiv entsprechend wäre diese Umschreibung: *Diß Leben [gibt nach/ knickt ein] wie ein Geschwätz vnd Schertzen*[25]. Weiter erklärt muss bei dieser Umschreibung wohl nichts, ist sie doch recht eindeutig. Nun der Vers aus Sicht des Motivs des Carpe Diems: *Diß Leben [vergeht wie im Fluge] wie ein Geschwätz vnd Schertzen*[26] – sprichwörtlich wird gesagt, dass die Zeit wie im Fluge vergeht, wenn etwas Spaß bereitet, man sich nicht langweilt[27].

Das *Leibes Kleid*[28] im folgenden Vers kann auch als das Leben gesehen werden, da es als *schwach*[29] bezeichnet und *abgelegt*[30] wird. Wieder eine Aussage, das Vanitas-Motiv betreffend, da das Leben als schwach, somit zerbrechlich und sehr vergänglich gedeutet wird. Das *Leibes Kleid [ablegen]* bedeutet also nichts weiter als sterben, für was das *todten-Buch der grossen Sterbligkeit*[31] ein eindeutiger Beweis ist.

Auch in Zeile neun wird die Sicht auf das Leben kaum positiver: Es wird mit einem *Traum*[32] verglichen. Nun klingt es erst einmal schön, ein Leben wie in einem Traum zu führen – so lässt sich natürlich auch interpretieren. Ein eindeutiger Punkt für das Motiv des Carpe Diem, da Lebenslust und -genuss assoziiert werden.

Betrachtet man allerdings den kompletten dritten Vers, vor allem die elfte Zeile, so wandelt sich das Bild: *[... wie ein ... Traum ...,] So muß auch vnser Nahm / Lob Ehr vnd Ruhm verschwinden*[33].
Nun wird klar, dass der Traum hier nicht, als etwas schönes, traumhaftes zu sehen ist, vielmehr als ein instabiles Konstrukt, vergänglich und so leicht zum Platzen zu bringen, wie eine Seifenblase.
Dieser Idee kann man nun in zwei Richtungen folgen, die beide aber das depressive Gefühl des Vanits-Motivs mit sich tragen: Einerseits lässt sich das komplette Sein als ein so zerbrechliches Etwas sehen, das Leben also so kurz, klein und unreal wie ein Traum – und manchmal auch so abrupt beendet.

---

25   vgl. http://www.wie-sagt-man-noch.de/synonyme/fleuchen.html, 12:01, 28.05.2010.

26   vgl. http://de.wiktionary.org/wiki/fleuchen, 12:07, 28.05.2010.

27   vgl. http://www.redensarten-index.de/suche.php?suchbegriff=~~Die%20Zeit%20vergeht%20 im%20Fluge&bool=relevanz&suchspalte%5B%5D=erl_ou, 12:12, 28.05.2010.

28   Andreas Gryphius, Menschliches Elende, in: Freuden vnd Trauer-Spiele auch Oden vnd Sonnette sampt Herr Peter Squentz Schimpff-Spiel, Breßlau 1658, Z. 6.

29   ebd.

30   ebd.

31   ebd., Z.7.

32   Andreas Gryphius, Menschliches Elende, in: Freuden vnd Trauer-Spiele auch Oden vnd Sonnette sampt Herr Peter Squentz Schimpff-Spiel, Breßlau 1658, Z. 9.

33   ebd., Z. 11.

Die zweite Möglichkeit wäre, zu sagen, dass unter einer absoluten Herrschaft der Raum zur individuellen Verwirklichung irgendwelcher Träume, oder sogar zur Traumbildung, nicht gegeben ist, da sie *auß der acht*[34], also *außer acht* gelassen werden müssen[35].

Die Betrachtung der nächsten Passage ist zwar komplexer als die der vorherigen, liefert allerdings die klare Antwort Gryphius, auf die anfangs gestellte Frage *Was [...] wir Menschen doch [sind]?*[36].

Mit *Was itzund Athem holt*[37] können nur die Menschen gemeint sein, da sie zum Leben Sauerstoff benötigen und somit atmen müssen (*Athem hol[en]*). Andere Lebewesen können ausgeschlossen werden, da vom *ist* die Rede ist und nur Menschen sich bewusst sind, dass sie *sind* und somit leben.

Der zweite Teil der Passage, *muß mit der Lufft entflihn*[38], stellt eine Abhängigkeit der Menschen (*Was itzund Athem holt*) zur Luft und somit zu dem lebensnotwendigen Sauerstoff her. Betrachtet man nun wieder die Herrschaftsform der damaligen Zeit, den Absolutismus, stellt man fest, dass die *Luft* mit dem Adel, beziehungsweise mit den Großgrundbesitzern gleichzusetzen ist – im Gedicht sind die Menschen von der Luft abhängig, im echten Leben waren sie es vom Adel, so ergibt sich diese Gleichsetzung.

Nun haben wir zwei Pole, die mit der letzten Zeile des Gedichts beide vernichtet werden: *wir vergehn wie Rauch von starcken Winden*[39]. Zum einen, und auch das lässt sich wieder so einfach aus unserer heutigen Sicht sagen, wird die reine Luft durch den Rauch, das gemeine Volk (da *wir vergehn wie Rauch*) also, geschlagen, beziehungsweise eingenommen, der Absolutismus und die Adelsherrschaft haben also auf Dauer keine Chance (s. Herleitung d. Gleichsetzung).

Zum anderen vergeht selbst das gemeine Volk, da es von den *starken Winden* vertrieben, auseinander gerissen wird.

Was sind wir Menschen [also]?[40] – Aus Andreas Gryphius Sicht nicht viel mehr, als Rauch, der von Winden verweht wird. Ein einzelnes, kleines Bisschen Rauch kann also nicht überleben, nicht viel ausrichten. Erst eine richtige Rauchwolke, eine Gemeinschaft und Zusammenhalt unter den Menschen, hat das Zeug zum Überleben.

---

34   Andreas Gryphius, Menschliches Elende, in: Freuden vnd Trauer-Spiele auch Oden vnd Sonnette sampt Herr Peter Squentz Schimpff-Spiel, Breßlau 1658, Z. 9.

35   vgl. Friedrich Maurer, Heinz Rupp, Deutsche Wortgeschichte. Band 2, 3. Auflage, 1974, S.584.

36   Andreas Gryphius, Menschliches Elende, in: Freuden vnd Trauer-Spiele auch Oden vnd Sonnette sampt Herr Peter Squentz Schimpff-Spiel, Breßlau 1658, Z. 1.

37   ebd., Z. 12.

38   ebd., Z. 12.

39   ebd., Z. 14.

40   Andreas Gryphius, Menschliches Elende, in: Freuden vnd Trauer-Spiele auch Oden vnd Sonnette sampt Herr Peter Squentz Schimpff-Spiel, Breßlau 1658, Z. 1.

Metaphern und Bildsprache in der Romantik (1798 – 1835) [41]

am Beispiel von *Wenn nicht mehr Zahlen und Figuren* [42]

Wenn nicht mehr Zahlen und Figuren

Sind Schlüssel aller Kreaturen

Wenn die so singen, oder küssen,

Mehr als die Tiefgelehrten wissen,

5 *Wenn sich die Welt ins freye Leben*

Und in die Welt wird zurück begeben,

Wenn dann sich wieder Licht und Schatten

Zu ächter Klarheit wieder gatten,

Und man in Mährchen und Gedichten

10 *Erkennt die wahren Weltgeschichten,*

Dann fliegt vor Einem geheimen Wort

Das ganze verkehrte Wesen fort.

— NOVALIS

Zu *Zahlen und Figuren* [43] lässt sich folgende Aussage treffen: Es sind die rationalen Naturwissenschaften, wie Mathe und Physik, gemeint.

Novalis (eigentlich (Georg) Friedrich (Philipp) Freiherr von Hardenberg [44]) ist allerdings der Auffassung, dass diese *Zahlen* und Formeln nicht der *Schlüssel* für das Leben sind (*Schlüssel aller Kreaturen* [45]). Es wird also Kritik an den Naturwissenschaften, beziehungsweise an deren Wichtigkeit geübt. Das genauer Gegenteil dieser rationalen Wissenschaften, subjektives Denken und Gefühle, rückt also in den Vordergrund.

Diese These wird durch Zeile drei und vier bestärkt: *[D]ie so singen, oder küssen* [46], Menschen also, die das exakte Gegenteil der vorher genannten Naturwissenschaftler sind, die Gefühle und Leidenschaft zeigen und durch *Singen* und *Küssen* einer gewissen Sehnsucht nacheifern, da vor allem Liedtexte oft eine Art von Anhimmeln und Streben sind, *[wissen] Mehr als die Tiefgelehrten [...]* [47].

Novalis zeigt uns hier seine, die damalige, Sicht zum Schlüssel des Lebens, zum Genießen und Auskosten des Lebens also – die Liebenden haben ihn.

41   vgl. http://www.literaturwelt.com/epochen.html, 18:49, 01.06.2010.

42   Novalis, Wenn nicht mehr Zahlen und Figuren, in: Heinrich von Ofterdingen, Berlin 1802.

43   ebd., Z. 1.

44   vgl. http://gutenberg.spiegel.de/?id=19&autor=Novalis,%20&autor_vorname=&autor_nachname=Novalis, 16:11, 01.06.2010.

45   Novalis, Wenn nicht mehr Zahlen und Figuren, in: Heinrich von Ofterdingen, Berlin 1802, Z. 2.

46   ebd., Z. 3.

47   ebd., Z. 4.

Die nächste bildsprachliche Äußerung ist etwas komplexer und schwieriger nachzuvollziehen – zuerst eine kleine Erklärung: Mit *die Welt wird zurück begeben* [48] kann folgendes verbunden werden: Die Welt wird zu einer Person zurückkommen – da die Welt aber durch nichts und niemanden ge-, beziehungsweise bezwungen werden kann, muss dies von ihr freiwillig geschehen, sie wird sich dieser Person also zu Füßen legen. Etwas zu Füßen gelegt bekommen ist durchaus ein erstrebenswertes, lohnenswertes Ziel, welches Verehrung einander zu Grunde liegt [49].

Dies kann jedoch nicht einfach so geschehen – es bedarf schon einer gewissen Gegenleistung, um die Welt zu Füßen gelegt zu bekommen. Genau diese Gegenleistung erfahren wir in Zeile fünf: *ins freye Leben* [50]. Wenn *die Welt* [51], alle Lebewesen also, dies befolgen, wird ihnen die Welt entgegenkommen. Doch was heißt *ins freye Leben?* Man kann es wohl am besten mit *sich gehen lassen* beschreiben – nur seinen Gefühlen folgend [52], Liebe und Triebe, lebt es sich also besser als sich mit den schon besprochenen Zahlen und Formeln herumzuschlagen. Dieser paradisische Zustand ist jedoch unerreichbar und hier erkennen wir zum ersten Mal ein wichtiges Motiv der Romantik: Das Streben ohne Finden, da ohne erreichbares Ziel und somit ohne Perspektive [53] ist daher ein unendliches Suchen.

Widmen wir uns nun Zeile sieben und acht: *Licht und Schatten* [54], exakte Gegenteile also, sollen sich *gatten* [55]. Hierfür zwei Auslegungen:

Erstens: Biologisch gesehen, gibt es kein offensichtlicheres Gegenteil, als Mann und Frau. Ein eindeutiges Indiz der Liebe, beziehungsweise der Partnerschaft, zusprechend also, da in der darauffolgenden Zeile noch von *gatten* die Rede ist. Doch hier findet sich ein Widerspruch und zwar im Motiv des Suchen und Strebens: Licht und Schatten sind niemals zu vereinen, denn wo Schatten ist, ist kein Licht und wo Licht ist, ist kein Schatten.

Zweitens: Das *Licht* wird oft als Symbol für Erleuchtung und Erkenntnis, Wissen also, gebraucht.

---

48   Novalis, Wenn nicht mehr Zahlen und Figuren, in: Heinrich von Ofterdingen, Berlin 1802, Z. 6.

49   vgl. http://www.redensarten-index.de/suche.php?suchbegriff=welt+füßen&bool=and&s uchspalte%5B%5D=rart_ou&suchspalte%5B%5D=erl_ou&suchspalte%5B%5D=bsp_ ou&suchspalte%5B%5D=erg_ou, 16:40, 01.06.2010.

50   Novalis, Wenn nicht mehr Zahlen und Figuren, in: Heinrich von Ofterdingen, Berlin 1802, Z. 5.

51   ebd., Z. 5.

52   vgl. http://www.redensarten-index.de/suche.php?suchbegriff=~~sich%20gehen%20lassen&boo l=relevanz&suchspalte%5B%5D=rart_ou, 16:47, 01.06.2010.

53   vgl. Reinhard Lindenhahn, Birgit Neugebauer, Lyrik. Liebe vom Barock bis zur Gegenwart, 1. Auflage, Berlin 2009, S.31.

54   Novalis, Wenn nicht mehr Zahlen und Figuren, in: Heinrich von Ofterdingen, Berlin 1802, Z. 7.

55   ebd., Z. 8.

Die Nacht (*Schatten*) hat eher die Symbolik des mystischen [56]. Nun war das reine, gefühlslose und rationale Denken und Wissen aber unwichtig, wie bereits geklärt. Die Nacht, das Mystische also und das Licht, das Wissen, *gatten* – vereinen – sich in Zeile Acht allerdings trotzdem. Somit kann nicht das wissenschaftliche Wissen gemeint sein, was wiederrum heißt, dass die romantische Klarheit, welche im Mystischen und Fanatischen liegen mag, für die (einzig) Richtige befunden wird.

Eine solche Klarheit lässt sich dann zum Beispiel in *Mährchen und Gedichten* [57] finden, da sie *die wahren Weltgeschichten* [58] offenlegen und somit eine Art Anleitung zum und für das Leben darstellen. Da hier echtes Leben und Traum- beziehungsweise Märchenwelt vermischt wird, sollte hier kurz der Begriff der Universalpoesie fallen: Ein Versuch, Traum, Wirklichkeit und Poesie mit dem echten Leben zu vereinen [59].

Den Schluss des Gedichts bilden Zeile elf und zwölf, in denen von einem *geheimen Wort* [60] die Rede ist. Ein *geheime[s] Wort* bringt Assoziationen wie Legende, Mystik und Verschleierung mit sich – schon wieder ist also von den Romantikern die Rede, die ihr Ziel im unerreichbar Mystischen suchten. Diese siegen geradezu über Menschen mit anderen Ansichten, so zum Beispiel Wissenschaftler und Mathematiker, welche mit *verkehrte[n] Wesen* [61] gemeint sind, denen nichts anderes übrig bleibt als *[...] fort[zu]flieg[en ...]* [62], also mit ihren Ansichten zu flüchten.

---

56   vgl. Manfred Wacker, Die Bedeutung der Nacht in der Romantik. Nachwort zur Reclam-
      Ausgabe von E. T. A. Hoffmann, Der Sandmann. Stuttgart 1989, S. 88, ff.

57   Novalis, Wenn nicht mehr Zahlen und Figuren, in: Heinrich von Ofterdingen, Berlin 1802,
      Z. 9.

58   ebd., Z. 10.

59   vgl. http://de.wikipedia.org/wiki/Universalpoesie, 17:35, 01.06.2010.

60   Novalis, Wenn nicht mehr Zahlen und Figuren, in: Heinrich von Ofterdingen, Berlin 1802,
      Z. 11.

61   Novalis, Wenn nicht mehr Zahlen und Figuren, in: Heinrich von Ofterdingen, Berlin 1802,
      Z. 12.

62   Novalis, Wenn nicht mehr Zahlen und Figuren, in: Heinrich von Ofterdingen, Berlin 1802,
      Z. 11, f.

Zusammenfassung und Vergleich

Barock

Zusammenfassend lässt sich zur Bildsprache folgendes sagen:

* hauptsächlich durch die Motive (Carpe Diem, Vanitas und Memento Mori) und somit durch Vergänglichkeit vs. Lebensgenuss geprägt
  * öfters sogar Doppeldeutungen in einzelnen Metaphern möglich, welche aber meistens durch das Betrachten des kompletten Satzes aufgehoben werden
* Metaphern sehr häufig auf das Leben bezogen
  * durch Nachkriegszeit des Dreißigjährige Kriegs geprägt
* kreiert durchaus schaurige, traurige und nachdenkliche Stimmung
* Personifikationen
* politische Kritik (Absolutismus & Stände)
* keine Metaphern im Bezug auf Liebe

Romantik

Es lässt sich sagen, dass die Bildsprache in der Romantik anders eingesetzt wurde, als im Barock:

* Motive, wie das Streben, Wandern, Suchen nach einem nicht erreichbaren Ziel und somit ohne Perspektive, sind oft zu finden
  * das gequälte Innere wird hervorgehoben → traurig
* die Grenzen zwischen Realität und Traum- und Märchenwelt sollen und wollen aufgehoben werden
* obere Gesellschaftsschicht (zum Beispiel anhand von Wissenschaftlern und Mathematikern) wird herabgesetzt und somit Gesellschaftskritik geübt
* Liebe wird einerseits als Partnerschaft, andererseits allerdings als gescheitert und nicht erreichbar gesehen
* es werden Anleitungen und Hilfen zum (richtigen) Leben gegeben → hellsichtig, euphorisch

Bezug auf die Epochen

Barock

Durch Angst, Schrecken und Gewalt des Dreißigjährige Kriegs geprägt, zeigen sich sowohl in der Bildsprache als auch im wahren Leben damals Spannungen zwischen Lebenslust, geradezu schon Lebensgier und Todesbangen [63]. Durch diese Antithetik geprägt entstehen gegensätzliche Hauptmotive – Vanitas-Motiv (Erinnerung der Vergänglichkeit und Nichtigkeit), Motiv des Memento Mori (Gedenken des Todes) und das Motiv des Carpe Diem (Aufforderung das Leben zu genießen/ nutzen). Oft wird in der Bildsprache der dünne Faden zwischen Leben und Tod, Sein und Schein oder Spaß und Ernst dargestellt [64]. Das Leben wird oft als nichtig, kurz, vergesslich, vergänglich und zerstörbar beschrieben – an anderen Stellen wird dann aber wiederum aufgefordert es in seinen vollen Zügen zu genießen! Auch die Herrschaftsform des Absolutismus und deren Abhängigkeit wird thematisiert und vor allem kritisiert. Unter dem Sonnenkönig Ludwig XIV zum Beispiel, ist das Leben trotz, oder gerade wegen des Gesellschaftsvertrages, eine Mischung aus gebotenem Schutz auf der einen und Auf- und Abgaben auf der anderen Seite.

Romantik

Gefühle, Leidenschaft und Sehnsucht rücken in den Vordergrund, sowohl im wahren Leben, als auch in der Bildsprache. Die Poeten und Dichter werden als wissender und erfahrener, als Wissenschaftler und Obrigkeiten befunden. Man glaubt an das, flieht dahin schon fast, Übernatürliche und Märchenhafte. Auf der einen Seite ist die Romantik eine hellsichtige optimistische Epoche, auf der anderen allerdings eine tieftraurige [65]. Das Endliche (Reale) und das Unendliche (Unreale) sollen sich verbinden, eine Einheit bilden, ebenso wie Traum und Wirklichkeit. Genauso steht es mit der Verbundenheit der Menschen mit der Natur. Da dieser Zustand allerdings nie erreicht werden kann, wird die Romantik eher als eine Epoche des Suchens und Strebens, als eine Epoche des Findens betrachtet. Das Streben ohne diesem echtem Ziel ist somit perspektivlos, ohne Hoffnung und unendlich. Eben da dieses Ziel nie erreicht werden kann, ist zum Beispiel das Wandern ein häufiges Motiv, da man sich ruhelos auf die unendliche Suche begibt [66]. Ähnlich steht es mit dem Thema Liebe: auf der einen Seite bestenfalls eine unendliche Partnerschaft, ist sie als scheiternd und unerreichbar anzusehen [67]. Um diesen zerrüttelnden Punkten zu entlaufen flüchtet man sich in das Unbewusste und Mystische, weshalb die Nacht, Mystik ausstrahlend, auch ein gebräuchliches Motiv ist. Diese unreale Welt möchte man in die reale einfügen (Universalpoesie), was jedoch wieder unmöglich ist und somit unendlich lang versucht werden muss.

---

63   vgl. http://de.wikipedia.org/wiki/Barock_(Literatur), 18:25, 01.06.2010.

64   ebd.

65   vgl. Reinhard Lindenhahn, Birgit Neugebauer, Lyrik. Liebe vom Barock bis zur Gegenwart,
      1. Auflage, Berlin 2009, S.31.

66   vgl. http://exbook.de/20070213-das-wandern-als-motiv-in-der-romantik/, 19:02, 01.06.2010.

67   vgl. Reinhard Lindenhahn, Birgit Neugebauer, Lyrik. Liebe vom Barock bis zur Gegenwart,
      1. Auflage, Berlin 2009, S.31.

Literaturverzeichnis

* Herbert Groenemeyer, „Flugzeuge im Bauch." 4630 Bochum. Groenland-Musikverlag, 1984.
* Nena, „99 Luftballons." Nena. Edition Hate Music Emi Songs Musikverlag GmbH, 1983.
* Sido, „Mein Block." Aggro Ansage Nr. 3. Aggro Berlin, 2004.
* http://www.hpwt.de/Kalterkrieg2.htm, 15:01, 26.05.2010.
* http://www.literaturwelt.com/epochen.html, 18:48, 01.06.2010.
* Andreas Gryphius, Menschliches Elende, in: Freuden vnd Trauer-Spiele auch Oden vnd Sonnette sampt Herr Peter Squentz Schimpff-Spiel, Breßlau 1658.
* http://www.lehrer.uni-karlsruhe.de/~za146/barock/30krieg.htm, 16:19, 27.05.2010.
* http://www.pohlw.de/literatur/epochen/barock.htm, 16:27, 27.05.2010.
* http://www.dresden-und-sachsen.de/dresden/geschichte07_fruehbarock.htm, 16:31, 27.05.2010.
* http://www.philosophie-sgl.de/content/abitur2006/Barock%20Teil1.html, 16:33, 27.05.2010.
* http://www.bach.de/leben/barock.html, 16:51, 27.05.2010.
* Rudolf Vierhaus, Deutsche Geschichte. Deutschland im Zeitalter des Absolutismus (1648-1763), 2. Auflage, 1984, S. 32.
* http://webs.schule.at/website/Literatur/literatur_barock.htm, 17:42, 27.05.2010.
* http://www.literaturwissenschaft-online.uni-kiel.de/veranstaltungen/vorlesungen/17Jhdt/03042006F.pdf, 17:51, 27.05.2010.
* Bárbara Baumann, Birgitta Oberle, Deutsche Literatur in Epochen. Arbeitsaufgaben, 3. Auflage, 1997, S. 16, 24.
* http://www.wie-sagt-man-noch.de/synonyme/fleuchen.html, 12:01, 28.05.2010.
* http://de.wiktionary.org/wiki/fleuchen, 12:07, 28.05.2010.
* http://www.redensarten-index.de/suche.php?suchbegriff=~~Die%20Zeit%20vergeht%20im%20Fluge&bool=relevanz&suchspalte%5B%5D=erl_ou, 12:12, 28.05.2010.
* Friedrich Maurer, Heinz Rupp, Deutsche Wortgeschichte. Band 2, 3. Auflage, 1974, S.584.
* Novalis, Wenn nicht mehr Zahlen und Figuren, in: Heinrich von Ofterdingen, Berlin 1802.
* http://gutenberg.spiegel.de/?id=19&autor=Novalis,%20autor_vorname=&autor_nachname=Novalis, 16:11, 01.06.2010.
* http://www.redensarten-index.de/suche.php?suchbegriff=welt+füßen&bool=and&suchspalte%5B%5D=rart_ou&suchspalte%5B%5D=erl_ou&suchspalte%5B%5D=bsp_ou&suchspalte%5B%5D=erg_ou, 16:40, 01.06.2010.
* http://www.redensarten-index.de/suche.php?suchbegriff=~~sich%20gehen%20lassen&bool=relevanz&suchspalte%5B%5D=rart_ou, 16:47, 01.06.2010.
* Reinhard Lindenhahn, Birgit Neugebauer, Lyrik. Liebe vom Barock bis zur Gegenwart, 1. Auflage, Berlin 2009, S.31.
* Manfred Wacker, Die Bedeutung der Nacht in der Romantik. Nachwort zur Reclam-Ausgabe von E. T. A. Hoffmann, Der Sandmann. Stuttgart 1989, S. 88 ff.
* http://de.wikipedia.org/wiki/Universalpoesie, 17:35, 01.06.2010.
* http://de.wikipedia.org/wiki/Barock_(Literatur), 18:25, 01.06.2010.
* http://exbook.de/20070213-das-wandern-als-motiv-in-der-romantik/, 19:02, 01.06.2010.